ANALISI DEL LIBRO

AF166033

Tristano e Isotta

· · · · · · · · · · · · · · · · ·

RENÉ LOUIS

ANALISI DEL LIBRO

Scritto da Christelle Legros
Tradotto da Sara Rossi

Tristano e Isotta

René Louis

RENÉ LOUIS

STORICO, FILOLOGO E ARCHEOLOGO FRANCESE

- **Luogo e data di nascita: Yonne (Francia), 1906**
- **Data di morte: 1991**
- **Opere principali:**
  - *Tristano e Isotta* (1972), romanzo

Lo storico, filologo e archeologo René Louis ha insegnato storia letteraria medievale in diverse università tra il 1941 e il 1977. Nel 1927 scoprì gli affreschi carolingi nelle cripte di Saint-Germain (Auxerre), che lo resero famoso come medievalista. Allievo di Joseph Bédier e Ferdinand Lot, le sue pubblicazioni sono pietre miliari nel mondo accademico.

TRISTANO E ISOTTA

PERSONAGGI PORTATI ALLA FOLLIA DAL LORO AMORE TOTALIZZANTE

- **Genere:** romanzo

- **Edizione di riferimento:** Louis, R. (1972) *Tristan et Iseult*. Parigi: Librairie Générale Française.

- **Prima edizione:** 1972

- **Temi:** amore, follia, pozioni, magia, dramma, gelosia, tradimento

La leggenda di Tristano e Isotta è di origine celtica. Se ne trovano tracce scritte nella letteratura medievale francese a partire dal XXII secolo, soprattutto sotto forma di frammenti. Da allora sono state pubblicate diverse versioni della leggenda, tra cui quella di René Louis. Sebbene il testo di Louis non sia ancora stato tradotto in inglese, questa sintesi utilizzerà i nomi anglicizzati dei personaggi della leggenda per facilitarne la comprensione.

Questa leggenda raffigura un trio famoso nella storia della letteratura: il marito (Re Marco), la moglie (la regina Isotta la Bella) e l'amante di lei (Tristano). La storia fa uso di molti elementi di origine celtica, tra cui la magia. In questo modo, bere una pozione magica risveglia l'amore appassionato che unisce Tristano e Isotta e che trascende tutte le leggi umane e divine.

SINTESI

Rendendo omaggio a Joseph Bédier (critico francese, 1864-1938), che rinnovò la leggenda di Tristano e Isotta all'inizio del XX secolo, René Louis dichiarò di voler utilizzare le stesse fonti per ricreare un tipo di racconto precedente alla civiltà feudale e cavalleresca, risalente all'Alto Medioevo nella Gran Bretagna celtica. Il suo obiettivo era quello di produrre una versione più vicina alla prima leggenda di Tristano, differenziandosi così da quelle di Bédier e degli autori del XXII secolo.

IL GIGANTE IRLANDESE

Un giorno un gigante irlandese, Morholt, minaccia di pretendere un tributo da re Marco, che regna sulla Cornovaglia. Nessuno dei baroni osa sfidarlo, tranne Tristano, che rivela la sua identità: è infatti il nipote di re Marco, figlio della sorella minore del monarca, Blancheflor, e di Rivalen, figlio del re di Lyonesse. Educato dall'età di sette anni da uno scudiero di nome Gorvenal, alla morte del padre si presenta alla corte dello zio sotto falso nome per farsi riconoscere per il suo coraggio.

Pur vincendo il combattimento, Tristano viene ferito da una lancia avvelenata. Non potendo essere curato, parte su una nave e approda in Irlanda, dove viene curato dalla regina Isotta e da sua figlia, Isotta la Bella. Quando finalmente guarisce, torna in Cornovaglia. I perfidi baroni sono gelosi di Tristano e lo accusano di voler diventare il successore dello zio impedendogli di sposarsi e generare un erede. Re Marco finisce per scegliere come moglie la donna i cui capelli, chiari come l'oro, sono stati portati dalle rondini. Riconoscendo i capelli della giovane Isotta, Tristano parte per conquistarla per lo zio.

IL DRAGO

Gormond, il re d'Irlanda, promette Isotta a chi avrebbe liberato il Paese dal drago che lo affligge. Tristano uccide il mostro e ne prende la lingua come trofeo, ma quando la tocca viene avvelenato. L'intendente del re, che ha assistito alla scena, taglia la testa del drago e si proclama campione. Isotta rifiuta di sposarlo, convinta che il vero vincitore sia nascosto nelle vicinanze. Lei e sua madre ritrovano Tristano e si prendono nuovamente cura di lui. Quando vede che un frammento trovato nella testa dello zio Morholt proviene dalla spada di Tristano, Isotta si arrabbia e vuole ucciderlo, ma il giovane riesce a farla ragionare promettendole di difenderla dal pretendente.

Si capisce che Tristano ha ucciso il mostro: è quindi lui a dover sposare Isotta. Gormond, al quale rivela le sue vere intenzioni, accetta di dare la figlia a re Marco. Nel frattempo, la regina prepara un "vino" speciale che può risvegliare la passione nell'uomo e nella donna che lo bevono. Lo dà a Brangaine, la serva di Isotta, in modo che possa darne una dose uguale a Marco e Isotta durante la loro prima notte di nozze. Non sospetta che sarà Tristano, e non Marco, a bere la pozione.

LA POZIONE D'AMORE

Mentre attraversano il mare, Brangaine rassicura Isotta sul fatto che il suo matrimonio sarà felice, raccontandole della pozione magica. Tuttavia, la ragazza rifiuta di condividere il vino con Marco e la serva, intuendo che Isotta è innamorata di Tristano, decide di far bere loro la pozione. L'effetto è immediato: travolti dall'amore, si abbandonano alla passione carnale. Per nasconderlo a Marco, Isotta chiede a Brangaine, che è vergine, di prendere il suo posto nel letto del re durante la prima notte di nozze. Marco cade nell'inganno, permettendo così a Isotta, soddisfatta, di continuare la sua relazione con Tristano.

Tuttavia, gli spensierati amanti si mettono gradualmente in pericolo. Quando Kariado, un fedele seguace di Marco, li sorprende, avverte il re, che decide di mettere alla prova la regina. Isotta si salva grazie a Brangaine, prima di essere conquistata da una melodia suonata all'arpa da un barone d'Irlanda. Tristano usa un altro astuto trucco per liberarla. Successivamente, i baroni catturano i due amanti e informano il re, che bandisce Tristano. Questi si nasconde nella foresta per restare vicino a Isotta: come il nocciolo e il caprifoglio, gli amanti non possono vivere separati l'uno dall'altra senza rischiare la morte.

UNA TRAPPOLA MORTALE

Il re viene informato da Frocin il nano che Tristano e Isotta si incontrano di notte nel frutteto, vicino alla fontana e decide di sorprenderli nascondendosi in un pino del frutteto.

Tuttavia, Tristano vede il suo riflesso nella fontana e cambia atteggiamento quando la regina si avvicina. Questa si inso-spettisce e parla in modo da scagionare il suo amante. L'ignaro Marco si fida del nipote e lo invita a tornare a corte. Orgogliosi del loro inganno, Tristano e Isotta non sanno che presto saranno condannati a morte.

I perfidi baroni vogliono comunque cogliere gli amanti sul fatto e chiedono a Frocin di spargere farina sul pavimento tra i letti di Tristano e della regina. Quando scopre questa trappola, Tristano salta nel letto di Isotta, ma così facendo si ferisce. Le macchie di sangue sono un segno sicuro della colpevolezza degli amanti: impazzito di rabbia, il re decide di farli mettere a morte senza processo.

IL VOLO DEGLI AMANTI

Mentre si reca al rogo, Tristano chiede di fermarsi per poter pregare in una cappella a strapiombo su una rupe. Si getta dalla rupe, atterra senza ferirsi e scappa. Il re è furioso e chiede che Isotta venga subito bruciata pubblicamente. Tra la folla c'è un gruppo di lebbrosi, il cui capo suggerisce al re di consegnare loro Isotta: in questo modo la sua punizione sarà peggiore della morte. Il re accetta l'offerta, ma Tristano e Gorvenal attaccano i lebbrosi e liberano la regina.

Rifugiatisi nella foresta di Morois, gli amanti conducono una vita difficile e piena di privazioni, che li indebolisce dolorosa-mente. Incontrano un eremita, frate Ogrin, che li incoraggia a pentirsi. Tuttavia, "non è in loro potere rinunciare al loro amore" (p. 119). Una notte si addormentano con la spada di Tristano tra loro. Un guardaboschi li vede e lo dice al re, che si commuove alla vista del loro sonno così casto e dimostra la sua clemenza lasciandoli dormire.

IL PROCESSO DI ISOTTA

Tre anni dopo l'assunzione della pozione, l'incantesimo è svanito, ma sia Tristano che Isotta sentono che il loro amore non è svanito. Tuttavia, per il loro bene devono tornare a una vita normale. L'eremita accetta di aiutarli scrivendo una lettera a Marco. Il re risponde che accetta il ritorno di Isotta, ma non quello di Tristano. Gli amanti promettono di aiutarsi sempre e, in segno di giuramento, Tristano offre a Isotta il suo cane e lei gli dona il suo anello magico. Isotta viene accolta bene dal re, mentre Tristano va a nascondersi per ricevere notizie della regina.

I perfidi baroni chiedono che venga processata. Isotta accetta di giustificarsi per eliminare ogni sospetto. Tuttavia, è importante per lei non mentire davanti a Dio e, con l'aiuto di Brangaine, escogita un piano. Poiché il giuramento sarà prestato a Mal Pas, il piano prevede di chiedere a un lebbroso, che in realtà è Tristano travestito, di aiutarla ad attraversare il guado. Isotta si siede a cavalcioni su Tristano; poi, quando testimonia, giura davanti a Dio che "nessun altro uomo oltre a suo marito, re Marco, e questo lebbroso è mai stato tra le sue gambe" (p. 156).

In questo modo, viene dimostrata l'innocenza di Isotta. Tuttavia, Marco non è desideroso di richiamare a sé Tristano. Quest'ultimo vuole lasciare il Paese, ma glielo impedisce l'amore per Isotta. Torna, quindi, a trovarla rischiando la morte, ma lei è consapevole del pericolo e lo prega di fuggire.

L'ESILIO DI TRISTANO

Sulla sua strada, Tristano incontra alcuni Cavalieri della Tavola Rotonda e li accompagna a corte per vedere Isotta prima del suo esilio. Il re fa alloggiare il gruppo nella sua camera da letto, ma fa mettere delle falci sul pavimento perché non si fida di loro. Quando raggiunge Isotta, Tristano si ferisce di nuovo. Fortunatamente viene salvato da Keu, il seneschal (funzionario incaricato dell'amministrazione e degli affari domestici nelle case nobiliari durante il Medioevo), che fa alzare i cacciatori in modo che l'intera stanza sia ricoperta di sangue e Tristano non venga catturato. Infine, parte per la Bretagna con Gorvenal.

Una volta arrivati, si rifugiano presso il re Hoel di Bretagna, padre di Sir Kahedin e di Isotta delle Mani Bianche. Sposando l'altra Isotta, la cui bellezza e il cui nome gli ricordano l'ex amante, Tristano cerca invano di consolarsi. Quando Kariado racconta furbescamente a Isotta la Bella del matrimonio di Tristano, la regina, che non l'ha dimenticato e che è in grande difficoltà, intona un lamento che annuncia la morte.

ISOTTA DELLE MANI BIANCHE

Mentre Tristano e Isotta delle Mani Bianche stanno passeggiando, l'acqua del guado schizza la giovane sposa, che esclama che l'acqua è più audace del marito. Infatti, nonostante la bellezza della giovane donna, la loro unione non è stata consumata. Kahedin ne è irritato ma, una volta che Tristano gli racconta tutto, perdona l'amico e gli suggerisce di tornare in Inghilterra per assicurarsi l'amore di Isotta la Bella.

Al ritorno in Cornovaglia, Tristano si nasconde per rivedere la regina. Quando imita il canto di un uccello, lei lo riconosce e, grazie a Brangaine, gli amanti si incontrano di nuovo, ma un giorno, ferita nell'orgoglio da un malinteso, Isotta si rifiuta di riconoscere Tristano e lo fa cacciare. Lui si dispera per un anno, poi, deciso a rivederla, attraversa di nuovo il mare e si finge pazzo. Grazie a Brangaine e al cane di Tristano, Husdent, gli amanti si incontrano. Isotta si scusa e giura che non smetterà mai di amare Tristano, che poi riparte.

Sprofondato nella malinconia, costruisce un palazzo di quadri, dove erige sculture in onore di Isotta la Bella e del loro amore.

LA VELA NERA

Avvelenato da una lancia, Tristano chiede a Kahedin di andare a cercare Isotta la Bella, l'unica persona che può curarlo e lotta per rimanere in vita, sostenuto dalla speranza di vederla un'ultima volta. Kahedin accetta e annuncia che porterà due vele sulla sua nave: una bianca, che indicherà il ritorno della sua amata, e una nera, che indicherà che Isotta si rifiuta di aiutarlo.

Isotta delle Mani Bianche, però, che ha sentito tutto, vuole vendicarsi e, al ritorno del fratello, mente a Tristano e gli dice che la vela è nera. Tristano muore e Isotta la Bella, scoprendo il corpo del suo amato, crolla e muore anche lei. Kahedin riporta i loro corpi in Cornovaglia, dove saranno sepolti. Dalle loro tombe crescono due cespugli, un nocciolo e un caprifoglio, impossibili da separare.

STUDIO DEL CARATTERE

RE MARCO

Marco regna sulla Cornovaglia e proviene da un'antica stirpe. Giunto in età avanzata, non ha ancora una moglie né un erede. Nobile, generoso, leale e coraggioso, è tuttavia spesso irascibile. Il suo umore è imprevedibile e può rivelarsi violento e crudele. Eccelle soprattutto nella caccia.

La sua autorità sui suoi vassalli è vacillante: essendo facilmente intimidito dai suoi baroni, si lascia influenzare e manipolare dalle loro parole e dai loro piani. È anche ingenuo e credulone, il che significa che spesso si fida delle apparenze e le prende per realtà. In questo modo, concede agli amanti la sua completa fiducia e clemenza non appena una parola gentile o abilmente scelta scaccia dalla sua mente i più oscuri sospetti. Questo tratto caratteriale lo rende volubile: quando è colto dal dubbio, si arrabbia molto; quando viene pacificato da ciò che vede o sente, diventa di nuovo misericordioso e perdona liberamente le persone.

Nonostante tutto, Re Marco ama teneramente sua moglie e Tristano. Quando è costretto a esiliare quest'ultimo, ne è addolorato. Quando recupera i corpi della moglie e del nipote, li onora seppellendoli fianco a fianco invece di bruciarli. Alla fine, quindi, è la clemenza a prevalere nel suo cuore.

TRISTANO

Nato a Lyonesse, Tristano è figlio di Blancheflor, sorella minore di Re Marco, e di Rivalen, figlio del Re di Lyonesse. Il padre lo battezza con il nome celtico "Drustan", che diventa "Tristan", un nome che meglio significa la tristezza dei genitori per la sua nascita e che preannuncia le prove e le disgrazie che dovrà affrontare in seguito. Infatti, Blancheflor muore durante il parto e Rivalen, disperato, lo lascia orfano all'età di quindici anni. Dall'età di sette anni, Tristano viene allevato da Gorvenal, che gli rimarrà sempre fedele e la sua educazione viene completata dal seneschal Dinas di Lidan dopo il suo arrivo in Cornovaglia.

Tristano ha le qualità di un vero cavaliere: è bello, galante, coraggioso, fedele al suo re e alla sua amata, leale e valoroso. Le sue imprese lo pongono al di sopra di tutti i baroni. Tristano è dotato di una grande forza fisica, quasi sovrumana (si pensi alle sue vittorie contro il gigante e il drago) ed è abile in tutte le arti: è un eccellente poeta, arpista, imitatore di canti di uccelli, cavaliere, cacciatore e scudiero. È anche astuto (ad esempio quando recupera Isotta dal barone irlandese), costruisce strumenti ingegnosi (il suo arco, che chiama Fail-not) e conosce i segreti delle piante per cambiare aspetto, nascondersi assumendo un'altra identità o camuffare la sua voce.

Tuttavia, l'ingestione della pozione altera irrevocabilmente il suo cammino, che sembrava già tracciato. Tristano sperimenta i tormenti della gelosia e sfiora più volte la morte per vedere Isotta la Bella. In effetti, la follia lo attende quando trascorre troppo tempo lontano dalla sua amata. Inoltre, il suo comportamento nei confronti di Isotta delle Mani Bianche è irragionevole e ingiusto. Questo ispira la gelosia della giovane moglie, che alla fine porta alla morte degli amanti.

ISOTTA LA BELLA

La principessa ha dodici anni quando Tristano ferito arriva nel castello di suo padre, il re d'Irlanda Gormond. Mentre Tristano è in convalescenza, lei diventa sua allieva: lui le insegna la musica e il canto. I suoi capelli biondi brillano come l'oro. È cortese e possiede tutte le qualità che un uomo può desiderare in una moglie. È una guaritrice e conosce i segreti delle piante grazie agli insegnamenti della madre, la regina Isotta, sorella di Morholt.

Combattuta tra il senso del dovere nei confronti del marito e la passione totalizzante per Tristano, Isotta utilizza ogni strategia a sua disposizione per mantenere i due ruoli di donna sposata e amante. Non vuole rinunciare a nessuno dei due. È molto astuta e riesce a uscire da situazioni delicate con l'aiuto della sua fedele serva Brangaine. Può anche dimostrarsi crudele, orgogliosa e spietata (in particolare negli episodi in cui vuole far uccidere Brangaine e quando fa allontanare Tristano), ma si rende conto dei suoi errori e si punisce (ad esempio indossando una camicia di pelo). Isotta sembra meno innocente di Tristano dal momento in cui, dopo essere stata informata da Brangaine del potere della pozione preparata da sua madre, lascia che Tristano la beva quando ha sete. Poi divide la coppa con lui e non con il marito, come inizialmente previsto, perché in cuor suo è attratta da lui dopo la sua vittoria sul drago irlandese. Dopo la partenza di

Tristano per la Bretagna, anche lei è tormentata dalla gelosia e dalla solitudine.

ISOTTA DELLE MANI BIANCHE

Figlia del re Hoel di Bretagna, Isotta delle Mani Bianche è "bella e colta" (p. 168). La sua somiglianza con Isotta la Bella le fa guadagnare l'attenzione e l'interesse di Tristano, che in un momento di profonda amarezza le chiede di sposarlo. Giovane e innamorata, lei accetta con gioia. La notizia fa piacere anche al fratello di lei, Sir Kahedin, a cui piace Tristano. Tuttavia, la prima notte di nozze Tristano non può consumare il matrimonio perché vede il volto di Isotta la Bella riflesso nell'anello di diaspro verde che lei gli aveva regalato prima della loro separazione. Isotta delle Mani Bianche, ignara di queste cose, non si offende. Si dimostra paziente e tenera con il marito, anche se un giorno si lamenta con Kahedin della sua situazione e ne soffre. Quando scopre la verità sull'amore che unisce Tristano e Isotta la Bella, la sua rassegnata tenerezza si trasforma in un violento desiderio di vendetta. La gelosia che la tormenta brutalmente risveglia il suo lato maligno; per questo dice a Tristano che la vela è nera quando in realtà è bianca. La morte di Tristano e poi di Isotta sono la sua vendetta.

BRANGAINE

Rapita da bambina dai pirati norvegesi, Brangaine è cresciuta con Isotta la Bella e hanno la stessa età. Pur essendo la serva di Isotta, Brangaine è anche la sua compagna di giochi e la sua unica confidente. Saggia e accorta, è anche astuta. Commette deliberatamente un errore, tradendo così la fiducia della regina d'Irlanda, quando dà la pozione a Tristano e Isotta. Tuttavia, lo fa con l'obiettivo di aiutare la sua padrona, per la quale prova un amore profondo. Le rimarrà fedele qualunque cosa accada. Più di una volta la aiuta a trovare Tristano: fa da palo agli amanti, prende il posto della regina nel letto del re durante la prima notte di nozze, mente a Marco per proteggere Isotta, ecc. Viene spesso chiamata "cara Brangaine".

GORVENAL

Il fedele Gorvenal è per Tristano quello che Brangaine è per Isotta la Bella. È lui, il saggio scudiero, che educa Tristano e lo accompagna in tutte le sue avventure, fughe e prove. Per questo, quando gli amanti sono esiliati nella foresta, li aiuta come può, costruendo per loro ceste per raccogliere il cibo e non esita a uccidere i nemici di Tristano che incontra sulla strada (il guardaboschi che si imbatte negli amanti che dormono e li tradisce e uno dei perfidi baroni), ma Gorvenal è più saggio del suo allievo. Quando Tristano cerca di rivedere Isotta ad ogni costo, Gorvenal lo mette in guardia e cerca di dissuaderlo dai suoi piani troppo rischiosi. Gorvenal muore durante un'ultima spedizione guidata da Sir Kahedin, il fratello di Isotta delle Mani Bianche.

ANALISI

SCHEMA NARRATIVO

"Tristano e Isotta" è un testo narrativo e, quindi, segue il classico schema di questo tipo di testo. Racconta la passione che unisce Tristano e Isotta e che sfida tutte le leggi umane e divine.

Situazione iniziale: è l'inizio della storia, il momento in cui l'autore prepara la scena e introduce i personaggi; la situazione è stabile, cioè non ha motivo di svilupparsi.

- Re Marco regna sulla Cornovaglia, circondato dai suoi vassalli e dai suoi baroni. Le qualità eccezionali di suo nipote Tristan lo rendono il più degno dei suoi difensori.

Elemento di disturbo: si tratta di un evento che disturba la situazione iniziale e dà il via all'inizio della storia.

- I baroni del re gli chiedono di prendere moglie per generare un erede. Tristano parte per l'Irlanda alla ricerca dell'unica donna che il re accetterà di sposare: Isotta la Bella. Sulla via del ritorno, però, Isotta e Tristano bevono il filtro d'amore destinato a Isotta e Marco e si uniscono in un amore indissolubile. Tristano diventa il rivale del re.

Sviluppi: sono gli eventi causati dall'elemento di disturbo e che determinano l'azione o le azioni intraprese dal protagonista per risolvere il problema. Ci sono due sviluppi principali nella storia:

- Quando la pozione fa effetto: Tristano e Isotta sono così innamorati da essere imprudenti, ma ogni volta si salvano all'ultimo momento, fino al giorno in cui vengono catturati. Quando vengono condannati, fuggono e si rifugiano nella foresta, dove vivono in povertà. Tuttavia, la pozione li risparmia dalle sofferenze fisiche ed emotive: sono insieme e questo è tutto ciò che conta.

- Quando la pozione si esaurisce: gli amanti non sono più sotto la protezione magica del filtro. Sentono allora tutto il dolore dell'esistenza che stanno conducendo e si preoccupano del loro destino: è arrivato il momento di separarsi. Si amano ancora, ma di un amore umano; da quel momento vivono l'angoscia, i dubbi e i tormenti della loro passione. Isotta torna dal re e la coppia inizialmente prevista torna insieme. Tuttavia, Tristano e Isotta si struggono l'uno per l'altra, il che fa sì che Tristano torni ripetutamente dalla regina.

Esito: pone fine agli sviluppi e porta alla conclusione.

- Durante un'ultima avventura, Tristano viene ferito e avvelenato per la terza volta. Nessuno può curarlo, tranne Isotta la Bella. Allo stesso tempo, Isotta delle Mani Bianche scopre la verità sul passato del marito. È gelosa e ora il suo unico desiderio è quello di vendicarsi. Per questo motivo mente a Tristano, provocandone la morte.

Conclusione: questa è la fine della storia. La situazione è di nuovo stabile, come quella iniziale, ma sono avvenute delle trasformazioni.

- Isotta la Bella muore di disperazione sul corpo del suo amante. I loro corpi vengono rispediti in Cornovaglia da

Re Marco, che li perdona e li seppellisce fianco a fianco. Gli amanti sono eternamente riuniti nella morte. I due arbusti che crescono dalle loro tombe e che intrecciano i loro rami simboleggiano questo amore indissolubile.

UN ROMANZO CHE SFIORA IL MAGICO

"Tristano e Isotta" che, come tutte le leggende, è circolato prima oralmente, è stato poi scritto in una lingua romanza, un precursore del francese moderno che coesisteva con il latino durante il Medioevo. A differenza del latino, questa lingua era considerata una lingua volgare. Per questo motivo, la storia di Tristano e Isotta è descritta come un *romanzo*. Tuttavia, la leggenda dei due amanti esiste in molte forme: laici (il laico è una forma narrativa breve, una sorta di racconto in versi, che era popolare nei secoli XII e XIII), lunghi poemi narrativi in versi (in particolare in octosillabi, cioè in versi contenenti otto sillabe) e romanzi in prosa. Esistono, inoltre, due versioni diverse: una versione epica che accosta sequenze scritte in uno stile grossolano e privo di transizioni, che mal si presta all'analisi psicologica; e una versione lirica, che contiene numerosi monologhi drammatici e sviluppa l'amore dei due personaggi principali. L'esempio più famoso di versione epica è quello di Béroul (trovatore anglo-normanno, XII secolo), mentre la versione lirica più famosa è quella di Tommaso di Britannia (trovatore anglo-normanno, XII secolo), che presenta una versione cortese e cavalleresca.

Anche la presenza di elementi magici nella storia (il filtro d'amore, il drago, il gigante, l'anello magico ecc.) può far pensare alla forma del racconto, così come il fatto che alcune scene si ripetano: Tristano viene ferito due volte, avvelenato e poi curato da Isotta la Bella e da sua madre; i successivi travestimenti di Tristano, in cui viene riconosciuto da Isotta e Brangaine, ecc.

Infine, vale la pena spiegare che, prima di essere scritta, la leggenda veniva diffusa dai cantastorie che vedevano nell'obbligo magico rappresentato dalla pozione un alibi per gli amanti e un modo per invitare il pubblico a simpatizzare con la sofferenza dei protagonisti e a perdonarli. Era anche un'occasione per riflettere sul posto dell'amore nella società feudale: si doveva sostenere un amore che andava contro tutte le leggi, o ci si doveva schierare dalla parte dell'ordine costituito e del matrimonio? Le rielaborazioni scritte della leggenda variano tra queste due opzioni.

ULTERIORI LETTURE

EDIZIONE DI RIFERIMENTO

Louis, R. (1972) *Tristan et Iseult*. Parigi: Librairie Générale Française.

STUDI DI RIFERIMENTO

Baumgartner, E. (1993) Les romans de Tristan et Iseut. *Patrimoine littéraire européen. Le Moyen Âge, de l'Oural à l'Atlantique. Littératures d'Europe occidentale*. Bruxelles: Università De Boeck, pp. 489-501.

De Beaumarchais, J.-P. e Rey, A. (1984) *Dictionnaire des littératures de langue française*. Paris: Bordas, pp. 2333-2338.

Laffont, R. e Bompiani, V. (1960). *Dizionario dei personaggi letterari e drammatici di tutti i tempi e di tutti i paesi*. Paris: Robert Laffont, pp. 506-507 e pp. 967-968.

Laffont, R. e Bompiani, V. (1994) *Le Nouveau Dictionnaire des oeuvres de tous les temps et de tous les pays*. Parigi: Robert Laffont, pp. 7289-7292.

Vogliamo sapere da voi!
Lasciate un commento sulla vostra biblioteca online
e condividete i vostri libri preferiti sui social media!

Perché scegliere Must Read?

Scoprite tutto quello che c'è da sapere su un libro, con i nostri riassunti e le nostre analisi concise e approfondite!

Scoprite il meglio della letteratura sotto una luce completamente nuova!

www.50minutes.com

Master ISBN: 9782808689991
ISBN cartaceo: 9782808611398
Deposito legale: D/2023/12603/1419

Copertura: © Primento

Concezione digitale a cura di Primento, il partner digitale degli editori.